Zoom sur la nature
La forêt

FRANK SERAFINI

Texte français de Laurence Baulande

Éditions
SCHOLASTIC

Approche-toi et regarde bien.

Que vois-tu?

Des langues de lézard?
Des flammes ondoyantes?
Qu'est-ce que c'est?

C'est une feuille d'érable à sucre.

Tous les automnes, les feuilles recouvrent le sol de nos forêts, tel un tapis jaune, rouge et orange. La plupart des feuilles d'érables à sucre ont cinq pointes. Ces feuilles d'un rouge éclatant peuvent être aussi grandes que la main d'un adulte. Elles tombent d'arbres qui peuvent atteindre plus de 25 m de haut.

Les érables à sucre doivent leur nom à leur sève sucrée. On perce leur tronc pour recueillir la sève. Puis, on la fait bouillir pour obtenir le sirop d'érable.

Approche-toi et regarde bien.

Que vois-tu?

Un moulin à vent en papier?
Une aile de papillon?
Qu'est-ce que c'est?

C'est un calochortus

Quand tu te promènes en forêt, au printemps et en été, pense à regarder les fleurs de plus près. Certaines fleurs sauvages poussent à l'ombre des arbres, d'autres ont besoin de plus de soleil pour s'épanouir.

Le calochortus fleurit de mai à juillet. Cette fleur en forme de coupe pousse dans des endroits bien ensoleillés, dans les prairies et les forêts de pins. Son cœur coloré rappelle les motifs d'un kaléidoscope.

Approche-toi et regarde bien.

Que vois-tu?

Des flocons d'avoine?
Une orange moisie?
Qu'est-ce que c'est?

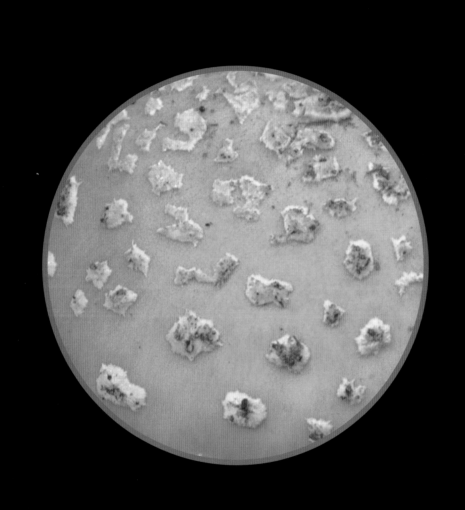

C'est une amanite tue-mouches.

Certains champignons sont comestibles, mais pas tous. Il y a des champignons qu'il ne faut ni manger ni toucher. Le mieux est de se contenter de les regarder car un grand nombre de champignons sauvages sont vénéneux.

Les petites peaux blanches sur le chapeau du champignon s'appellent des écailles.

Approche-toi et regarde bien.

Que vois-tu?

Une grotte dans la neige?
La truffe d'un ours polaire?
Qu'est-ce que c'est?

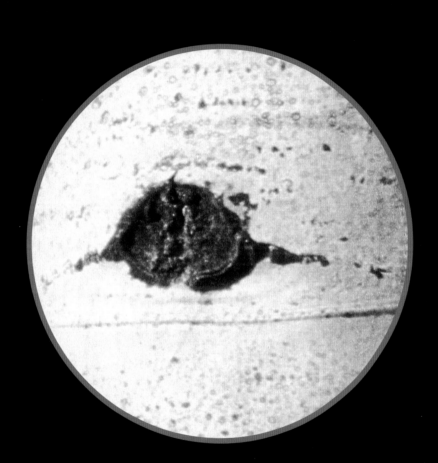

C'est un tremble.

Les trembles poussent en bosquets dans les Rocheuses. Chaque arbre du groupe partage ses racines avec les autres. Les trembles sont des arbres à feuilles caduques, c'est-à-dire qu'ils perdent leurs feuilles en hiver.

Les trembles ont une écorce lisse qui se décolle difficilement. Le tronc est marqué par des tâches sombres en forme d'yeux. Semblables à des cicatrices, elles indiquent l'emplacement d'une branche qui est tombée.

Approche-toi et regarde bien.

Que vois-tu?

Des bonbons gélifiés?
Une roue de bicyclette?
Qu'est-ce que c'est?

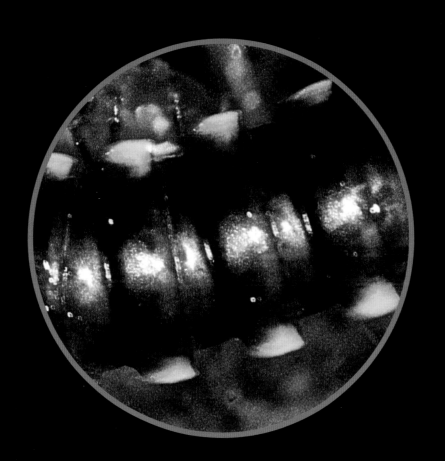

C'est un mille-pattes à points jaunes.

Malgré son nom, ce mille-pattes ne possède que 62 pattes. Il se déplace en avançant une paire de pattes après l'autre, ce qui fait onduler son corps comme une vague.

Le mille-pattes à points jaunes se sert de ses antennes pour trouver son chemin sur le sol de la forêt. Quand il a peur, il se roule en boule. Sa carapace dure le protège des prédateurs. Le mille-pattes à points jaunes peut aussi effrayer ses ennemis en dégageant une odeur toxique. Cette odeur peut tuer un scarabée, mais elle est sans danger pour les humains.

Approche-toi et regarde bien.

Que vois-tu?

Une souche?
Une aile de papillon de nuit?
Qu'est-ce que c'est?

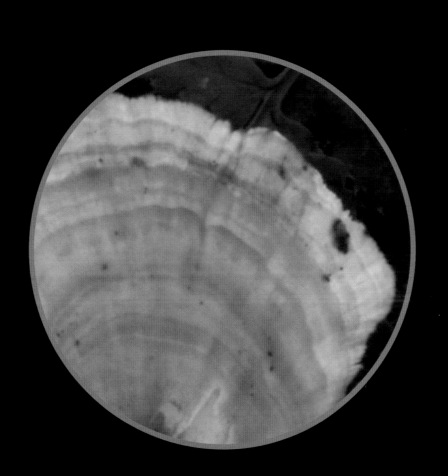

C'est un tramète versicolore.

Les tramètes sont des champignons. On en trouve dans les forêts partout dans le monde. Ces champignons se nourrissent de plantes mortes. Ils recyclent les nutriments qui viennent du sol pour que d'autres plantes et d'autres arbres puissent les utiliser.

Les tramètes versicolores forment des sortes d'étagères sur les souches et les vieilles bûches. Le dessus de leur chapeau est dur et coriace, mais le dessous est blanc et doux. Leur couleur va du blanc au gris, mais peut aussi être noire ou violacée, d'où le mot « versicolore » qui signifie « aux couleurs variées ».

Approche-toi et regarde bien.

Que vois-tu?

Une écharpe en laine?
La patte d'un insecte?
Qu'est-ce que c'est?

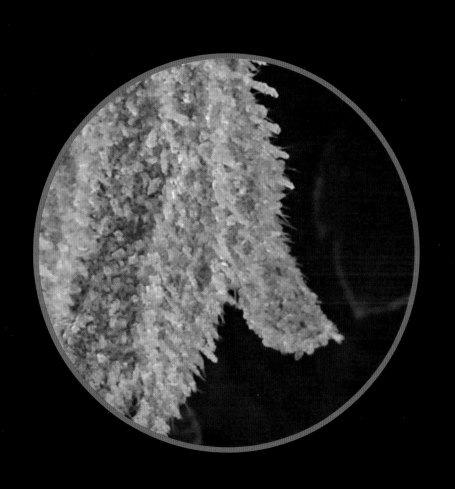

C'est du givre sur une feuille.

Tôt le matin, quand le temps est froid et humide, examine de près le sol de la forêt. Tu apercevras peut-être les minuscules poils des feuilles emprisonnés dans des cristaux de glace. C'est du givre.

Le givre se forme le matin, quand il fait froid. L'eau contenue dans l'air (l'humidité) se refroidit très vite et gèle sur l'herbe, les feuilles et les brindilles. Les cristaux de glace s'empilent les uns sur les autres et créent des motifs comme ceux des flocons de neige. Quand le soleil réchauffe l'air, le givre fond et disparaît.

Approche-toi et regarde bien.

Que vois-tu?

Des pépites de chocolat?
Un ananas?
Qu'est-ce que c'est?

C'est une pomme de pin.

Il existe des pommes de pin de toutes les tailles et de toutes les formes. Certains des plus grands arbres à feuilles persistantes, comme le séquoia géant, donnent les plus petites pommes de pin.

Les pommes de pin fermées sont attachées aux branches. Elles semblent recouvertes de dures écailles de poisson. Ces écailles protègent les graines de l'arbre jusqu'à ce qu'elles soient arrivées à maturité. Ensuite, les écailles s'ouvrent pour que les graines tombent. Chaque graine a une « aile » qui lui permet de flotter dans le vent avant d'atteindre le sol.

Approche-toi et regarde bien.

Que vois-tu?

Un bouton en cuivre?
Un œil de dragon?
Qu'est-ce que c'est?

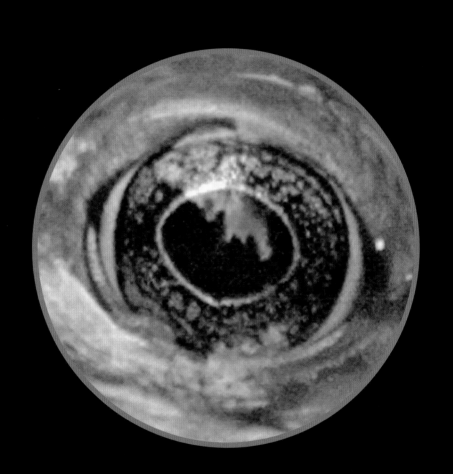

C'est une grenouille verte.

Les grenouilles vivent près des étangs, des lacs et des ruisseaux dans les forêts. On a parfois du mal à les voir car elles restent immobiles quand elles chassent. Pour attraper des mouches, des araignées et même des escargots, les grenouilles projettent leur longue langue visqueuse sur leur victime.

Bien qu'on les appelle grenouilles vertes, elles peuvent aussi être brunes ou même bleues! Ces couleurs leur permettent de se camoufler et, ainsi, d'échapper à leurs prédateurs, les oiseaux, les serpents et les ratons laveurs. Les grenouilles ont de gros yeux globuleux pour voir dans plusieurs directions.

À mon ami David Middleton, un photographe extraordinaire.
Merci de m'avoir aidé à pointer mon appareil photo vers de nouvelles directions.

Mot du photographe

Les photographes prêtent attention à des choses que la plupart des gens ne remarquent pas ou considèrent comme banales. Je peux passer des heures à me promener au bord de la mer, dans la forêt, dans le désert ou dans mon jardin, à la recherche de sujets intéressants à photographier. Ma destination n'est pas un endroit, mais plutôt une autre façon de voir.

Cela prend du temps de remarquer les choses. Pour être photographe, tu dois prendre ton temps et imaginer visuellement, c'est-à-dire dans « l'œil de ton esprit », ce que l'appareil peut saisir. Ansel Adams disait qu'on pouvait trouver assez d'images intéressantes pour toute une vie dans un espace de six pieds carrés sur Terre. Pour cela, il faut s'approcher et regarder de très, très près.

À l'aide des images réalisées pour cette collection de livres, j'espère inciter les gens à faire attention à la nature, à observer des choses qu'ils n'auraient sans doute pas remarquées en temps normal. Je voudrais que les gens regardent la nature autour d'eux, qu'ils apprécient ce qu'elle offre et qu'ils commencent à protéger ce fragile environnement dans lequel nous vivons.

Catalogage avant publication de Bibliothèque et Archives Canada

Serafini, Frank

La forêt / Frank Serafini; texte français de Laurence Baulande.

(Zoom sur la nature)

Traduction de : Looking closely through the forest.

Pour les 4-8 ans.

ISBN 978-0-545-99231-2

1. Flore forestière--Ouvrages pour la jeunesse. 2. Faune forestière--
Ouvrages pour la jeunesse. I. Baulande, Laurence II. Titre. III. Collection.

QH86.S4414 2008   j578.73   C2007-905359-9

Page 38 : Montagnes San Juan, États-Unis
Quatrième de couverture : Queensland, Australie

Conception graphique : Julia Naimska

Édition publiée par les Éditions Scholastic,
604, rue King Ouest, Toronto (Ontario) M5V 1E1
avec la permission de Kids Can Press Ltd.

5 4 3 2 1   Imprimé en Chine   08 09 10 11 12